Krippen-Geschichten

Krippen-Geschichten

Ein
Adventskalender
mit Weihnachtskrippen

Axel Schwaigert

Bibliografische Information der Deutschen Nationalbibliothek:
Die Deutsche Nationalbibliothek verzeichnet diese Publikation in der
Deutschen Nationalbibliografie; detaillierte bibliografische Daten sind im
Internet über http://dnb.dnb.de abrufbar.

Herstellung und Verlag: BoD – Books on Demand, Norderstedt
ISBN: 978-3-7578-8808-4

Die Texte in diesem Büchlein sind Gebete und Segen.

Sie dürfen daher gerne in jeglichen Gottesdiensten und ähnlichen Veranstaltungen verwendet werden. Die Rechte bleiben beim Autor.

Herzlichen Dank an meine Gemeinde, Salz der Erde MCC Gemeinde Stuttgart, für die diese Texte entstanden sind.

www.ufmcc.de

Eine Geschichte – viele Geschichten

Jede Krippe erzählt eine Geschichte:

Sie alle erzählen von einer Geburt

in einem Stall in Bethlehem im jüdischen Lande,

von jener Nacht, in der der Heiland geboren wurde.

Und jede Krippe erzählt ihre ganz eigene Geschichte:

Von den Kindertagen, als wir im Wohnzimmer

von Oma und Opa

mit den Figuren spielten, und die Erwachsenen lächelten.

Von unseren eigenen Dörfern und Städten,

von Hirtinnen und Hirten, von drei Weisen,

von der Bäckerin und dem Postboten, die wir jeden Tag sehen, von der Mutter mit Kindern, die wir kennen,

den Marktleuten und dem Zugschaffner,

von den Armen unserer Zeit,

von unserer Welt,

von uns.

Jede Krippe erzählt ihre ganz eigene Geschichte.

Welche Geschichte sehe ich?

Jede Krippe erzählt eine Geschichte

Sie alle erzählen von einer Geburt,

in unserer Stadt,

zu unserer Zeit,

für uns.

Wie alles begann

Creccio, ein kleines Dorf nordöstlich von Rom. Ein armes Dorf, mit armen Menschen. Hierher, in die Armut, zur Einfachheit und Bescheidenheit der Menschen, die aus der Not geboren war, zog sich der Heilige Franziskus immer wieder gerne zurück. Hier konnte er Ruhe finden, im Schweigen der Menschen das Sprechen der Schöpfung hören. Und er war den Menschen ganz nah, wegen deren er seine privilegierte Stellung als der verwöhnte Sohn eines reichen Tuchhändlers aufgegeben hatte, den Armen, den Hilfsbedürftigen.

Diesen Menschen das Evangelium, die frohe Botschaft zu verkündigen, das hatte er als seine Aufgabe erkannt und angenommen.

Nun gibt es viele Geschichten, Erzählungen, Legenden darüber, was zu jenem Weihnachten in Creccio im Jahre 1223 führte. Sicher ist aber eines: Die Menschen, die an jenem Weihnachtsabend in einen einfachen Stall unweit des kleinen Dorfes gekommen waren, sahen dort zum ersten Mal in der Geschichte etwas, was von Weihnachten nicht mehr wegzudenken ist: eine Krippe. Der Heilige

Franziskus hatte im Stall eine Futterkrippe aufgestellt, mit dem Jesuskind darin; später kamen die weiteren Figuren dazu: Maria, die Mutter mit dem Kind; Josef, der verwirrte Vater; die Hirten mit ihren Schafen; die Heiligen Drei Könige.

Und weil der Heilige Franziskus die Tiere liebte, und weil er sicher war, dass die Tiere das Wunder von Weihnachten besser verstünden als wir Menschen, waren ein Ochs und ein Esel dabei.

Es war eine Situation, in der sich die Menschen wiedererkannten, eine Welt, die so waren wie sie: die erschöpfte junge Mutter, nach der Geburt des ersten Kindes, der Vater, der sich Sorgen darum macht, wie er in der gegenwärtigen schweren wirtschaftlichen Lage seine kleine Familie durchbringen sollte, die Hirten, die für kargen Lohn harte Arbeit leisteten. Selbst die drei Könige, die zwar reich, aber als Fremde im fremden Land heimatlos und verloren waren. Sie alle standen in Anbetung um das Kind in der Krippe.
Mit seiner Krippe zeigte der Heilige Franziskus den Menschen damals und heute, dass sie in der Geschichte der Menschwerdung Gottes vorkommen. Dass sie, dass wir, dabei sind. Die Krippe zeigt, dass Gott wahrhaftig „Emmanuel", Gott-mit-uns geworden ist,

dass uns nichts, keine Schranken und keine Hoheiten von Gott trennen. Nicht die Reichen und die Mächtigen, die Priester und Herrscher stehen an der Krippe, sondern Menschen wie du und ich, Menschen die arm sind.

Wenn wir also zuhause eine Krippe aufstellen, wenn wir die Figuren in die Hand nehmen, dann soll uns das immer wieder daran erinnern: Gott wurde Mensch nicht in einem Palast, bei den Mächtigen, sondern in einem Stall bei den Menschen, die ihn brauchten.

Eine Krippe, zuhause oder in der Kirche ist daher nicht einfach nur schöne Dekoration für Weihnachten. Das ist sie am allerwenigsten. Sondern sie ist Erzählung und Aussage dessen, worauf es an Weihnachten ankommt, was an Weihnachten wichtig ist: Die Figuren der Krippe erzählen uns, dass Gott zu uns gekommen ist. Wenn wir die Krippen so sehen, die Krippen, die uns von der Geburt im Stall erzählen, dann kann mit uns geschehen, was in der Bibel von den Hirten erzählt wird und was den Menschen in jenem Gottesdienst in der Kirche von Creccio im Jahr 1223 geschehen ist:

Jede und jeder kehrte nach Hause zurück, voller Freude.

Segnung der Weihnachtskrippe

Gott,
der Du Mensch geworden bist,
in einem Kind in einem Stall,
in der Futterkrippe der Tiere,
Emanuel, Gott mit uns:

In diesen Tagen des Advents bereiten wir uns auf das Fest Deiner
Geburt vor, an dem wir feiern, dass Du ganz bei uns bist.

In dieser Zeit sehen wir diese Bilder von Stall und Krippe, sehen
Schafe und Ochs und Esel, die Hirten, die Heiligen Drei Könige,
Maria und Josef und Dich selber, als Kind in der Krippe.

Heute sind wir hier, um diese Krippen zu segnen, damit sie mehr
sind als nur weihnachtliche Dekoration, sondern die Erinnerung
daran, dass Du bei uns bist.

Ein unschuldiges Kind, hineingekommen in unsere Welt.
Segne diese Bilder, damit sie uns mit hineinnehmen in das
Wunder Deiner Menschwerdung für uns.

Segne sie, dass wir wie Kinder werden, die mit staunenden Augen und Ohren zum ersten Mal hören, was geschah: Ein Friedensfürst ist geboren, der uns ruft, Friedensboten in der Welt zu sein.

Segne die Ställe, die Tiere, Ochs und Esel, Schafe, und was sonst noch lebt im Stall, damit wir erkennen, dass es unsere Welt ist, in die hinein du kommst. Lass uns Erwachsene mit kindlichen Augen sehen und verstehen, dass es unsere Welt ist, unsere Büros, Arbeitsstellen, Wohnungen, unsere Wirklichkeit, in die hinein Du geboren bist.

Segne die Hirten und die Könige, damit wir bei ihnen stehen können, mit unserem Wissen, unseren Gaben, unserer Angst in der Nacht, unserer Armut, mit all dem, was wir sind, und was wir bringen. Lass uns sehen, dass wir neben ihnen stehen, in Erstaunen und Anbetung.

Segne Maria und Josef, Deine Familie, in die Du hineingeboren bist, öffne unsere Augen für die Vielfalt unserer eigenen Familien, diejenigen die uns durch Geburt gegeben sind, und die, in denen wir durch das Geschenk der Liebe heute leben.

Segne die Engel und den Stern, damit wir ein Licht in unserem Leben sehen, dem wir folgen können, und dass wir, wie die Hirtinnen und Hirten, hören können, wie die Engel singen: Friede auf Erde und den Menschen ein Wohlgefallen.

Segne die Vielfalt dieser Krippen und der Bilder, damit wir erkennen, dass es nicht eine einzige Krippe gibt, sondern dass Du in die Vielfalt unseres Lebens hineingeboren wirst, in eine Krippe für jede und jeden von uns.

Segne diese Krippen und die Zeit des Advents, der Vorbereitung auf das Wunder Deiner Gegenwart in der Welt.

Amen

Tag 1:
Maria und der Engel

Sei gegrüßt, du Begnadete!

Der Herr ist mit Dir!

Lukas 1,28

Gott ruft uns, manchmal ganz

unerwartet und überraschend

Bin ich begnadet?

Höre ich Gottes Ruf?

Rufender Gott, öffne meine Ohren und

Mein Herz, dass ich deinen Ruf

der Gnade höre. Amen

Tag 2
Ein leerer Stall

„Und es begab sich aber zu der Zeit….“

Da machten sich viele auf: ein junges Paar,

Hirten, Könige, ganz normale Menschen.

Hin zu einem Stall in Bethlehem.

———————————

Was kommt auf mich zu?

Wen lade ich ein, in dieser Adventszeit?

Wer wird kommen?

———————————

Gott meiner Zukunft:

Noch weiß ich nicht, was auf mich zukommt.

Segne Du meinen Weg.

Amen

Tag 3
Licht im Dunkel der Welt

Das Volk, das im Finstern wandelt, sieht ein großes Licht,

und über denen, die da wohnen im finstern Lande,

scheint es hell.

Jesaja 9,1

Was ist für mich Licht in der Dunkelheit?

Wem gebe ich Licht?

Heller, strahlender Gott: Lass mich heller

strahlen als alle Weihnachtsdekoration

dieser Welt.

Amen

Tag 4:
Eine Botschaft des Friedens und der Hoffnung

Und der Engel sprach zu ihnen:

„Fürchtet Euch nicht!"

Es gibt so viel in der Welt,

das Angst macht und Furcht verbreitet.

Gottes Ruf der Hoffnung und des Friedens

ist auch für Dich gesagt:

Fürchte Dich nicht!

Gott der Hoffnung und des Friedens:

Lass Hoffnung in mir sein

und Frieden um mich herum

Amen

Tag 5
Wie uns die Alten sungen....

Es ist ein Ros´ entsprungen, aus einer Wurzel zart,

Wie uns die Alten sungen, von Jesse kam die Art

Eine alte Geschichte,

oft erzählt, oft gehört.

Höre ich noch zu?

Finde ich etwas Neues für mich darin?

Liebender Gott: Lass mich immer wieder

das Alte hören: Deinen Segen.

Lass mich immer wieder das Neue hören:

Deinen Segen.

Amen

Tag 6
Und das Wort ward Fleisch
und wohnte unter uns
Joh. 1,14
König
König
König
Josef
Maria
Hirte
Ochse
Esel
Schaf

Im Anfang war das Wort, und das Wort

war bei Gott, und Gott war das Wort.

Johannes 1,1

Kann ich die Krippe sehen,

auch wenn sie ganz abstrakt ist?

Reicht mir Gottes Wort

im Geplapper der Welt?

Schöpferische Kraft,

die wir Gott nennen:

Sprich du Worte des Lebens für uns.

Amen

Tag 7
Kuscheln in der Krippe

Sie legte ihn in eine Krippe

weil in der Herberge kein Platz für sie war.

Lukas 2,7

Und es war kalt.

Auch in unserer Welt ist es oft kalt.

Wer wärmt mich heute?

Wen wärme ich?

Jesus, geboren in die Welt hinein,

segne Dich mit Wärme.

Wärme, die du erfährst und geben kannst.

Amen

Tag 8
Weihnachten, wie ich es gewohnt bin
Teil 1

Die Geburt Jesu aber geschah so...

Math. 1,18

Weihnachten wie ich es gewohnt bin

Teil 1

____

Ich habe ein Bild, wie Weihnachten sein soll.

Ein Baum, Winter, Familie, Musik....

Wie stelle ich mir Weihnachten vor?

Was brauche ich?

____

Liebender Gott: Gib mir, was mir Gut tut,

in dieser Weihnachtszeit.

Amen

Tag 9
Weihnachten, wie ich es (nicht) gewohnt bin.
Teil 2

Die Geburt Jesu aber geschah so...

Math. 1,18

Weihnachten wie ich es (nicht) gewohnt bin

Teil 2

In anderen Kulturen sieht Weihnachten anders aus.

Kann ich es trotzdem sehen?

Was kann ich lernen?

Liebender Gott:

Gib mir Neues und Überraschendes

in dieser Weihnachtszeit.

Amen

Tag 10
Ein Stern über Bethlehem

Wir haben seinen Stern gesehen

im Morgenland und sind gekommen um

Anzubeten. Matthäus 2,2

Auch wir sehen viele Sterne.

Welchem davon folge ich?

Leuchtender Gott:

Segne uns mit dem Licht

eines Sternes in diesen unsicheren Zeiten.

Amen

Tag 11
Die Heiligen Drei Könige

Da kamen Weise aus dem Morgenland

und schenkten ihm Gold, Weihrauch und Myrrhe

Math. 2,1 und 11

An Weihnachten geht es doch nur um die Geschenke! Oder?

Was ist wirklich wertvoll?

Was kann ich geben, zur Freude anderer?

Schenkender Gott:

Schenke uns Deinen Weihnachtsfrieden.

Und lass uns sehen,

dass wir nicht mehr brauchen.

Amen

Tag 12
Eine Quietsche-entchen-krippe?
Wirklich?

Lasset die Kinder zu mir kommen

Markus 10,14

Manchmal würde ich die Welt gerne

mit den Augen eines Kindes sehen.

Und einfach mit der Krippe spielen.

Wage ich es, einmal wieder Kind zu sein?

Gott, der du die Kinder rufst,

rufe auch mich, ein Kind zu sein:

voller Freude und Hoffnung.

Und Spaß am Spielen!

Amen

Tag 13
Ehre sei Gott
und
Friede auf Erden

Und da waren bei dem Engel die Menge

der himmlischen Heerscharen, die lobten Gott und sprachen:

Ehre sei Gott und Friede auf Erden.“ Lukas 2,13

Kann ich die Engel hören, im Lärm der Welt?

Bin ich bei ihnen, wenn sie singen: Friede auf Erden?

Gott des Friedens: Gib mir Loblieder.

Und lass mich vom Frieden auf Erden singen!

Amen

Tag 14
Maria tanzt vor Freude über
die Geburt ihres Sohnes

Und Maria tanzte vor Freude über

die Geburt ihres Sohnes Jesus.

____

Das ist nicht aus der Bibel,

sondern aus der Tradition Lateinamerikas.

Was lässt mich vor Freude tanzen?

Wo finde ich die Kraft und die Melodie

für meinen Tanz des Lebens?

____

Singender Gott,

Lass mich Freudenmusik hören,

damit ich tanzen kann!

Amen

Tag 15
Ein Astronaut in der Krippe

Ein Astronaut in der Krippe!!??

Manchmal überrascht es mich,

wer alles da ist, in der Krippe, bei Gott.

Sogar ein Astronaut!

Wen erwarte ich überhaupt nicht?

Wen will ich einladen, in die Krippe, zu mir?

Einladender Gott:

Öffne du die Türen und die Tore in der Welt.

Öffne unsere Herzen. Mache uns zu

einladende Menschen!

Amen

Tag 16
I´m dreaming of
a white Christmas

I´m dreaming of a white Christmas...

Wenn wir nur noch Winterwunderland sehen,

Glühwein schmecken,

und es um weiße Weihnacht geht:

Was ist für mich der Inhalt von Weihnachten?

Was ist wichtig?

Gott, jenseits von Weihnachts-kitsch:

Lass mich Weihnachten erleben,

die Geburt des Friedensfürsten,

auch wenn es gar nicht schneit.

Amen

Tag 17
Weihnachten ist das ganze Jahr

Heilig Abend, Ostern, Pfingsten.

Alles in einer Krippe:

Weihnachten das ganze Jahr lang

Jeden Tag, jede Stunde, jede Minute

werden neue Möglichkeiten geboren.

Bin ich offen dafür?

Was darf für mich geboren werden,

im kommenden Jahr?

Gott der neuen Möglichkeiten:

Schenke Du Weihnachten auch

im Frühjahr, im Sommer, im Herbst.

Amen

Tag 18
Die Krippe als Suchbild:
Wo sind die Engel?

Und alsbald war da bei dem Engel

die Menge der himmlischen Heerscharen,

die lobten Gott.

Lukas 2,13

Ich sehe so viele Bilder, jeden Tag.

Finde ich noch etwas Neues?

Sehe ich die Engel?

Augenöffnender Gott:

Schenke mir neue Blicke auf die Welt.

Lass mich Engel entdecken in der Krippe

und in meinem Leben.

Amen

Tag 19
Es war ein Stall,
eine Futterkrippe

Sie wickelte ihn in Windeln

und legte ihn in eine Futterkrippe im Stall

Lukas 2,7

Gott kommt. Teil 1

Die Krippe gehört zuallererst den Tieren.

Als erstes kommt Jesus zu den Tieren.

Kann ich Gast bei ihnen sein?

Sehe ich die Schöpfung in der Krippe?

Gott jedes Lebewesens, groß und klein:

gib uns Menschen die Kraft,

Deinen Weihnachtssegen zu teilen.

Amen

Tag 20
Und es kamen Hirtinnen
und Hirten

Und es waren Hirten in derselben Gegend

auf dem Felde,

die hüteten des Nachts ihre Herde.

Lukas 2,8

Gott kommt. Teil 2

Die Engel gehen zu den Menschen,

dorthin, wo sie arbeiten.

Zu den Hirtinnen und Hirten.

Wo begegnen mir die Engel?

Kommender Gott:

Komm zu mir, da wo ich bin.

Amen

Tag 21
Ein realistisches Bild

Endlich mal ein realistisches Bild:

Maria ist müde von der

Geburt und schläft.

Und Josef sieht, überfordert,

das Wunder des kleinen Kindes.

―――――――――――

Auch ich bin oft erschöpft und überfordert.

Nehme ich mir genug Zeit

für Ruhe und Schlaf?

―――――――――――

Liebender Gott:

Gib mir den Mut,

manchmal einfach nur zu schlafen

Amen

Tag 22:
Behütet und beschützt

Da stand Josef auf und nahm das Kind

und seine Mutter

und entwich nach Ägypten.

Matthäus 2,14

____

Josef hatte einen Traum

und übernahm Verantwortung.

Wage ich es, einem Traum zu folgen?

Für wen trage ich Verantwortung?

____

Sei gesegnet mit einem Traum

von einer besseren Welt

Amen

Tag 23
Eine Herberge in dieser Welt

Maria legte ihn in eine Krippe;

denn sie hatten sonst keinen Raum

Lukas 2,7

Gebe ich

Maria und Josef, den Hirten, den Fremden, den Tieren,

Jesus,

einen Platz, ein Haus?

Wie kann ich einladend sein

in dieser Weihnachtszeit?

Gott, der du Türen in der Welt öffnest.

Lass mich Tür-Öffnerin, Tore-Aufmacher sein

Amen

Tag 24
Ein Heiliger Abend

Und die Hirten sprachen untereinander:

Lasst uns nun gehen gen Bethlehem

und die Geschichte sehen, die da geschehen ist.

Lukas 2,15

In der Krippe sind alle willkommen.

Will ich mich aufmachen?

Wo wird Gott für mich geboren heute Nacht?

Wegweisender Gott

Zeige mir den Weg zur Krippe,

den Weg zu Dir.

Sei Licht in unserer Nacht.

Amen

Und endlich:
Weihnachten

Nach all den Bildern, all den Fragen,

allen Geschenken

am Weihnachtstag ein Weihnachtssegen:

Sei gesegnet mit dem Wissen

dass Weihnachten nicht in Bildern geschieht,

sondern im Herzen;

dass die Fragen sein dürfen,

und die Antwort ist: Gott liebt Dich;

dass Geschenke zwar schön sind,

aber das größte Geschenk ist:

Die Liebe.

Amen

Ein Gebet für den 1. Advent

Alle Jahre wieder:
werden Weihnachtslieder gesungen – vom Radio
wird es Licht - in den Kaufhäusern und den Fußgängerzonen
gibt es Plätzchen – zu kaufen, weil wir zu sehr im Stress sind,
sie selber zu backen

Alle Jahre wieder:
Schweigen sie, die Sprachlosen
Verzweifeln sie, die Hoffnungslosen
Fürchten sie sich, die Mutlosen
Fliehen sie, die Kriegskinder
Weinen sie, die Witwen
Verirren sie sich, die Flüchtlinge
Schauen sie weg, die Satten
Fühlen sie sich sicher, die Reichen
Lachen sie, die Mächtigen

Alle Jahre wieder:

Gib uns Musik, singender Gott,
die wir singen können, für die ohne Sprache, Hoffnung, Mut!

Gib uns Licht, Gott des Morgens,
für die Kinder des Krieges, die Witwen der Gewalt, die
Flüchtlinge der Armut!

Gib uns Ruhe, Nahrung zuzubereiten, Gott der Fülle,
damit wir sie denen geben, die Hunger haben, die arm sind,
die nichts zu lachen haben!

Alle Jahre wieder:

Lass uns erkennen, kommender Gott, dass deine Ankunft
nicht einfach geschieht,
sondern mit uns beginnt.

Amen

Ein Gebet für den 2. Advent

Schenkender Gott
In dieser Zeit des Wartens, der Erwartung, der Vorfreude, der
Vorausahnung dessen, was da kommt an Weihnachten:
mache mich ungeduldig wie ein Kind!

Nimm mir die Abgeklärtheit und Ruhe des Erwachsenen
und lasse mein Herz wild schlagen in der Freude auf das, was
kommt!

Lasse auch in meinen Augen das Licht der Freude leuchten!
Und lass mich mit Inbrunst aus voller Seele und voller Brust
einstimmen in die Weihnachtschöre der Engel!

In dieser Zeit des Wartens,
lass mich im Warten aktiv sein, und beginnen, die Welt auf
Weihnachten vorzubereiten: nicht mir noch mehr Lichterketten,
sondern dem Leuchten eines Lächelns.

Lass mich die Vorfreude jetzt schon leben, darauf,
dass das Leben durch Deine Ankunft anders sein kann,
anders sein soll.

Lass mich der Welt ein Licht der Ahnung geben,
was noch kommen kann.

Nimm mir die Haltung des vorsichtigen Abwartens,
und gib mir brennendes Warten, froh sein in Hoffnung,
ungeduldig sein in Liebe
und mache mich voller Freude, Frieden zu schenken,
anstatt Geschenke zu kaufen.

Und mache sie kurz, diese Zeit des Wartens!
Komm in unsere Welt!

Amen

Ein Gebet für den 3. Advent

Kreativer Gott

Gerade an Weihnachten hören wir immer wieder,
wie du zu den Menschen sprichst auf ganz viele verschiedenen
Arten und Weisen.
Du sprichst zu den Menschen, den Frauen und Männer, so, wie
wir es verstehen können: Individuell, kreativ, unterschiedlich:

Maria,
der jungen, verunsicherten Frau hast du einen Engel gesandt,
der mit ihr sprach, ihr Großes verkündigte, und der sie singen ließ.

Josef,
der Vater wurde, durfte träumen,
einen Traum, der ihm die Kraft gab,
das Abenteuer der Begegnung mit Dir zu leben.

Die Weisen,
von weit her, sahen einen Stern leuchten,
dessen Bedeutung sie mit ihren Gedanken verstehen konnten
und dem sie folgten.

Die Hirten,
draußen auf dem Feld, wurden erfüllt mit der Musik der Engel,
eine Musik, die ihnen die Angst nahm,
und vom Frieden für alle Menschen sang.

Mein Gott:

Schicke auch mir einen Engel, damit ich glauben und singen kann.
Lass auch mich träumen, damit ich Kraft bekomme.
Zeige auch mir einen Stern, damit ich verstehen kann.
Erfülle auch mich mit der Musik der Engel,
die mir die Angst nimmt
und mich auf den Frieden auf Erden hoffen lässt.

Amen

Ein Gebet für den 4. Advent

Gott, der Du uns kennst:

Mache uns langsam, halte Du uns an, in diesen Tagen,
damit wir nicht eifrig hören und singen,
beten und nach Worten suchen,
und so unsere Zeit füllen.

Sondern nimm Du den Lärm von uns,
den äußeren und den inneren.
Nimm Du uns die vielen Worte,
die wir hören und sagen.

Und gebe uns:

Schweigen - Stille sein in Dir.
Momente der Ruhe - Gehalten von Deiner Liebe.

Amen

Ein Gebet für das vergangene Jahr

Ewiger Gott, Du hast uns in eine Welt von Raum und Zeit gestellt
und durch die Erfahrungen unseres Lebens segnest du uns mit
Deiner Liebe.

Gib, das wir in der Erinnerung an das vergangene Jahr
Deine Gegenwart sehen dürfen,
dass wir erkennen können,
dass Deine Liebe am Werk war in unserem Leben,
dass wir sehen, dass denen, die Gott lieben, alle Dinge zum
Besten dienen.

Und doch gab es Zeiten im vergangenen Jahr, in denen wir Deine
Liebe nur schwer sehen konnten.
Gib uns die Fähigkeit das Gute zu behalten, und das Schwere
loszulassen.

Gib uns die Kraft, denen zu danken, die Gutes für uns getan
haben,
und die zu segnen, die an uns schuldig geworden sind.

Und erinnere uns immer wieder daran,
dass unser Anfang und unser Ende in deiner Hand liegen,
dass wir beginnen dürfen, immer wieder neu,
so wie ein kleines Kind in der Krippe,
so, wie wir es an Weihnachten gefeiert haben.

Amen

Ein Gebet für das kommende Jahr

Ewiger Gott, Du hast uns in eine Welt von Raum und Zeit gestellt
und durch die Erfahrungen unseres Lebens segnest du uns mit
Deiner Liebe.

Gib, das wir in der Hoffnung auf das kommende Jahr
Deine Gegenwart sehen dürfen,
dass wir erkennen können,
dass Deine Liebe am Werk ist in unserem Leben,
dass wir sehen, dass denen, die Gott lieben,
alle Dinge zum Besten dienen.

Und doch wird es Zeiten im neuen Jahr geben,
in denen wir Deine Liebe nur schwer sehen werden.
Gib uns die Fähigkeit Hoffnung zu behalten, und beschütze uns in
den schweren Zeiten.

Gib uns die Kraft, denen zu danken, die Gutes für uns tun,
und die zu segnen, die an uns schuldig werden.

Und erinnere uns immer wieder daran, dass unser Anfang und
unser Ende in deiner Hand liegen,
dass wir leben dürfen, immer wieder neu,
so wie das Leben siegreich bleibt,
wie der Tod es nicht halten kann in Jesus Christus,
dem Auferstandenen
so, wie wir es in der Osternacht
und jeden Tag und jeden Morgen feiern.

Amen